KB185548

역사문화

GO GO
카카오 프렌즈
35

글 김미영 그림 김정한

중국 ❷
CHINA

아울북 × KAKAO FRIENDS

© Kakao Corp.

카카오프렌즈

카카오프렌즈는 저마다의 개성과 인간적인 매력을 지닌
라이언, 무지, 어피치, 프로도, 네오, 튜브, 콘, 제이지 총 8명의 캐릭터가 함께합니다.
서로 다른 성격에 하나씩 콤플렉스를 가지고 있는 여덟 가지 캐릭터는
독특하면서도 우리 주변에서 쉽게 볼 수 있는 사람들의 모습을 그대로 반영해
많은 사랑을 받고 있습니다.
카카오프렌즈의 위트 넘치는 표정과 행동은 폭넓은 공감대를 형성하고
유쾌한 웃음을 선사합니다.

라이언 RYAN

갈기가 없는 수사자 라이언.
덩치가 크고 표정이 무뚝뚝하지만
여리고 섬세한 소녀 감성을 지닌 반
전 매력의 소유자.
원래 아프리카 둥둥섬 왕위 계승자
였으나, 자유로운 삶을 동경해 탈출!
카카오프렌즈의 든든한 조언자 역
할을 하고 있다.

튜브 TUBE

겁이 많고 마음 약한 오리 튜브는
작은 발이 콤플렉스여서 오리발을
착용한다.
미운오리새끼의 먼 '친척뻘'이다.
극도의 공포를 느끼거나 화가 나면
입에서 불을 뿜으며 밥상을 뒤엎기도
하니 조심해야 한다.

어피치 APEACH

유전자변이로 자웅동주가 된 것을
알고 복숭아 나무에서 탈출한 악동
복숭아 어피치!
애교 넘치는 표정과 행동으로 '귀요
미' 역할을 한다.
섹시한 뒷모습으로 사람들을 매혹
시키지만 성격이 매우 급하고 과격
하다.

네오 NEO

자기 자신을 가장 사랑하는 새침한 고양이 네오는 쇼핑을 좋아하는 패셔니스타! 하지만 도도한 자신감의 근원이 단발머리 '가발'이라는 건 비밀! 공식 연인 프로도와 아옹다옹하는 모습이 사랑스럽다.

프로도 FRODO

잡종견이라는 태생적 콤플렉스를 가진 부잣집 도시개 프로도. 네오와 공식 커플로 알콩달콩 애정공세를 펼친다.

무지 MUZI

호기심 많고 장난기 가득한 무지의 정체는 사실 토끼 옷을 입은 단무지. 토끼 옷을 빗으면 부끄러움을 많이 탄다.

콘 CON

악어를 닮은 정체불명의 콘은 가장 미스터리한 캐릭터이다. 알고 보면 무지를 키운 능력자이기도 하다.

제이지 JAY-G

땅속나라 고향에 대한 향수병이 있는 비밀 요원 제이지! 신글라스와 뽀글뽀글한 머리가 인상적이며 힙합가수 JAY-Z의 열혈 팬이다. 냉철해 보이는 겉모습과 달리 알고 보면 외로움을 많이 타는 여린 감수성의 소유자다.

기타 등장 인물

이프

'만약에 내 마음대로 역사를 바꿀 수 있다면
세계 정복도 가능하겠지?'
히스토리 뱅크에서 퍼즐을 훔쳐
세계 정복을 꿈꾸는 악당.
때로는 카카오프렌즈에게 도움을 받기도 하지만
한 번도 고마워한 적은 없다.

이브

이프의 쌍둥이 여동생으로 이프의 뒤를 쫓다가
시간문의 존재를 알게 되었다.
처음에는 퍼즐에 관심이 없었지만
퍼즐의 힘을 알게 되자 퍼즐에 욕심이 생긴다.

이프고

시간문을 열 수 있는 인공지능 프로그램.
카카고와 같은 천재 박사가 만든 것으로 알려졌다.
세계 정복을 꿈꾸는 이프를 돕는다.

카카고

비밀에 싸인 천재 박사가 만든 인공지능 프로그램.
시간문을 열고 미래 예측 프로그램을 통해
카카오프렌즈의 모험을 돕는다.
학습형 프로그램이라 아직은 완벽하지 않지만
점점 진화하고 있다.

차례

GOGO 카카오프렌즈 줄거리

카카오프렌즈는 세계에서 가장 행복한 나라 핀란드로 향했어. 몸과 마음의 피로를 풀어 주는
사우나를 하고 핀란드의 수도 헬싱키로 떠났지. 핀란드의 아름다운 자연 경관을 볼 수 있는
중세 도시 투르쿠와 호수의 도시 사본린나에도 갔어. 수오멘린나와 올라빈린나 성에서는
스웨덴과 러시아의 오랜 지배를 받은 핀란드의 역사를 만났고, 핀란드와 소련이 맞붙었던
겨울전쟁의 현장에도 갔지. 칼레발라의 영향으로 발전한 핀란드의 독특한 문화 예술도 경험한
카카오프렌즈는 산타클로스의 고향 로바니에미에서 진짜 산타클로스도 만났어.
그런데 그동안 감정적이지 않던 이프고가 이프 남매에게 큰 목소리로 화를 내지 뭐야?
이게 무슨 일일까? 다시 시간 여행을 떠나는 중국에서 확인해 보자!

1장
황허강에 풍덩!

3일 후

그런데…

이프고! 너 아직도 삐쳐 있는 거야?

왜 다음 나라를 안 가르쳐 줘?

아직 퍼즐을 다 찾은 나라가 없으니까 그렇지!

발끈!

다음 나라가 정해지려면 시간이 좀 걸릴 것 같은데…

이참에 남은 중국 퍼즐을 찾으러 가는 건 어때?

추적 중…

엥? 중국 퍼즐이 남았다니 무슨 소리야?

아! 중국에 갔을 때 이브는 없었지.

멈칫!

중국 퍼즐은 총 6개인데

카카오프렌즈가 2개를 저장해서 아직 4개가 남아 있거든.

펑!

꿍~

그때 나 혼자서 퍼즐을 4개나 저장했지만

마지막에 라이언이 낚시로 내 저장 장치를 낚는 바람에 폭파할 수밖에 없었지.

메소포타미아 문명

황허 문명

이집트 문명

인더스 문명

아! 세계 4대 문명 중 하나가 황허 문명이었지!

맞아요. 바로 그 황허예요!

그럼 저 강이 황허강?

네.

강물이 완전 황토색이야.

황허강이 황토 지대에 있어서 그래요.

황토는 영양이 많아 농사 짓기에 아주 좋은 흙이죠.

그래서 사람들이 황허강 근처에 모여 살았고

문명이 발달한 거군!

퍼즐은 지금 황허강을 따라오고 있어요.

설마 세찬 강물 속에 있는 건가?

콰아아아

어디…

앗! 지금 퍼즐이 땅으로 올라왔어!

땅으로?

왜지? 육지에 황허강만큼 유명한 뭔가가 있나?

그건 아직 모르겠어요.

깜짝

일단 그쪽으로 가 보자!

카카고, 지금이 어떤 시대야?

전설 속 성군⚜들의 시대인 요순시대예요.

요순시대?

고대의 중국은 부족들이 합쳐진 부족 연맹 형태의 나라였는데

요와 순은 그곳의 우두머리, 즉 임금이었어요.

요임금과 그 뒤를 이은 순임금은

아~

그럼 퍼즐이 임금에게 가는 건가?

나라를 평화롭고 살기 좋게 다스려 태평성대⚜를 이룬 것으로 유명해

이때를 요순시대라 부르죠.

다다다다

⚜ 성군 어질고 덕이 뛰어난 임금.
⚜ 태평성대 어진 임금이 잘 다스리어 태평한 세상이나 시대.

거친 황허의 강물을 다스리는 치수✿ 사업에 성공한 사람이에요.

물을 다스린다고?

예부터 황허강은 홍수가 자주 일어나 농민들의 피해가 심각했거든요.

그래서 요순시대에도 홍수 피해를 막기 위해 둑을 쌓으며 애를 썼지만

와르르~

둑이 무너진다! 피해!

으악!

번번이 실패했죠!

그런데 이 사람들은 둑을 쌓지 않고 땅을 파는데?

쿠웅

쿵

치수 사업을 맡게 된 우가

둑으로 황허강의 거센 물살을 막는 건 무리라고 생각해서

방법을 바꿨기 때문이에요.

아! 수로를 만든 거구나!

맞아요. 도랑을 파서 황허의 큰 물을 다른 쪽으로 끌어 약하게 만드는 동시에

논에도 물을 공급할 수 있게 했어요.

✿치수 수리 시설을 잘하여 홍수나 가뭄을 막음.

퍼즐이 지금 수로를 따라 앞쪽에서 오고 있어.

이제 다들 수로에서 나와!

수로에서 나오래!

수로 안으로 들어가자.

아무도 없어. 빨리 갈 수 있겠다.

앗! 이프, 이브가 수로에 들어갔어!

우리도 수로 안으로~

잠깐만 얘들아! 저기…

이제 둑을 터트려라!!

저 사람이 대장 같아.

그렇다면 혹시 우?

그런데 방금 저 사람이 둑을 터트리라고…

황허의 강물이 수로로 들어온다!!

고대 중국 이야기

중국 국기

황허강 주변에 꽃핀 고대 문명들

중국의 황허강 중하류 근처에서 생긴 고대 문명들을 통틀어서 황허 문명이라고 해. 황허 문명은 고대 4대 문명 중 하나로 동아시아에서 가장 오래된 문명이야. 황토가 섞인 황허강 근처 지대는 땅이 기름져서 간단한 도구로도 농사를 지을 수 있었어. 그래서 황허강 근처에서 문명이 생겨난 거야. 황허 문명은 신석기 시대의 양사오 문화와 룽산 문화 등을 거쳐 자연스럽게 발전했어. 기원전 5000년 무렵 황허강 중류에 나타난 양사오 문화의 특징은 농사가 매우 발달하고 채색 토기를 만들었다는 거야. 또, 기원전 3000년 무렵 산둥반도에 나타난 룽산 문화는 토기를 만드는 기술이 뛰어났지. 기원전 2000년 무렵부터 황허 문명을 일군 사람들은 청동기를 사용했고, 원시적 형태의 상형문자를 쓰기도 했어. 기원전 2000년에서 기원전 1500년 무렵에 발달한 얼리터우 문화는 신석기 시

황허 문명은 정말 역사가 깊네!

황토가 섞여 누런색을 띠는 황허의 풍경

대에서 청동기 초기로 넘어가는 시기에 나타났는데, 이때 국가라고 부를 만한 나라들도 생겼어. 기원전 2000년에서 기원전 1600년 사이에 존재했다고 여겨지는 하나라를 이은 상나라는 중국 최초의 왕조로, 기원전 1600년에서 기원전 1046년에 존재했어. 상나라는 한때 전설로만 여겨졌지만, 20세기에 수도인 은의 터전이 발견되면서 역사성이 확인되었지.

이렇게 편안한 시대였다는 거지~

전설 속 임금들

요와 순은 고대 중국의 전설 속에 나오는 임금들인데, 이 시대는 백성들이 누가 임금인지 신경 쓰지 않을 정도로 평화로웠대. 요임금은 매우 검소했고, 자신보다 백성들을 위했지. 게다가 요임금은 어질고 덕이 있는 순의 이야기를 듣고 몇 차례 시험을 거쳐서 자기 아들 대신 순에게 임금의 자리를 물려주었어. 이렇게 임금이 살아 있을 때 후계자에게 지위를 물려주는 것을 '선양'이라고 해. 순은 계모와 이복동생에게 여러 차례 목숨을 위협받았지만 고난을 극복하고 요의 뒤를 이어서 임금이 되었어. 요임금 시절 백성들은 매년 홍수 때문에 고통을 겪었대. 요임금은 홍수 문제를 해결하려 했지만, 실패했지. 순임금은 유능한 우를 통해서 오랫동안 백성들을 괴롭히던 황허강의 홍수 문제를 해결했어. 우는 여러 갈래로 물길을 파서 큰물이 여러 곳으로 흘러가게 했거든. 이 방법으로 수해를 막아 냈을 뿐만 아니라, 그 물을 농사에 이용했지. 순임금은 나이가 들자, 우에게 임금의 자리를 물려줬고, 임금이 된 우 역시 백성들을 이롭게 다스렸대. 이렇게 평화롭고 풍요로운 시대를 가리켜 '요순시대'라고 해. 중국인들은 요순시대의 통치자를 가장 좋은 형태의 지도자라고 여기지.

송나라 화공인 마린이 그린 우임금의 초상화

퀴즈 ❶ 황허강 홍수 문제를 해결하기 위해 우가 진행한 사업은?

2장
유방과 항우의 대결

✿〈Go Go 카카오프렌즈5 - 중국 ❶〉편의 2장을 참고하세요.

여긴 밤이네?

어디지?

기원전 202년 해하라는 곳이에요.

퍼즐은 그곳으로 오는 중이고요.

스윽

앗, 병사들이다!

깜짝

전쟁터구나.

초한전쟁 중이에요.

후유~

초나라와 한나라가 싸운 전쟁인데

여러분이 있는 곳은 초나라 쪽이에요.

초한 전쟁

기원전 206 ~ 기원전 202

초나라와 한나라?

중국이 여러 나라로 갈라져 있을 때인가?

그럼 혹시 춘추 전국 시대?

하지만 진나라의 진시황이 기원전 221년에 중국을 통일했잖아.

여긴 19년 후라고.

| 기원전 1046년경 상나라 멸망 | 기원전 770년 춘추 시대 시작 | 기원전 403년 전국 시대 시작 | 기원전 221년 진나라 중국 통일 | 기원전 202년 |

그때는 진시황이 중국을 통일한 지 11년 만에 사망하면서

전국이 다시 혼란에 빠졌을 때예요.

아~!

진나라에 점령되어 합쳐졌던 나라들이 자신들의 나라를 되찾기 위해 일어섰거든요.

결국 진나라가 멸망한 해인 기원전 206년에

초한전쟁이 시작됐죠.

퍼즐은 초나라군을 이끄는 항우에게 갈 거예요.

항우를 찾아야겠군.

두리번 두리번

항우는 어떤 사람이야?

진나라에 통일되기 전 초나라의 명문 귀족 출신으로

덩치가 크고, 아무도 못 드는 무거운 솥을 번쩍 들 정도로 힘센 장사예요.

번쩍

병법이나 무술 실력도 뛰어났죠.

우아~ 그렇게 강한 사람이라니.

저벅 저벅

그럼 전쟁에서는 초나라가 이겨?

아니요. 한나라가 이겨요.

한나라군에 밀려 달아나던 초나라군은 해하에 방어벽을 세우고 전투를 준비했지만

병사들의 수가 부족하고 지친 데다 식량도 떨어진 상태였죠.

응. 다들 지치고 힘들어 보여.

꼬르륵

게다가 지금 초나라군은

엄청나게 많은 한나라군에게 둘러싸여 있어요.

한나라

초나라

헉! 초나라군이 포위당했구나!

네. 하지만 아직 전투가 일어날 때는 아니니 안심하세요.

앗! 저기 커다란 막사가 있어!

항우의 막사일지도 몰라! 가자!

깜짝

여기가 초한전쟁에서 승리하는 쪽 맞지?

그래. 유방이 이끄는 한나라군이야.

두리번

두리번

유방은 어떤 사람이야?

초나라의 농민 출신에서 왕이 된 인물이지.

어? 그럼 유방과 항우 둘 다 초나라 사람이야?

의형제를 맺기도 했지.

세상에~ 그렇게 가족 같던 두 사람이 어쩌다 이렇게 된 거야?

혁

성격이 너무 달랐거든.

응. 처음엔 진나라에 의해 멸망한 초나라의 부활을 위해

두 사람이 힘을 합쳐 진나라를 멸망시켰어.

유방은 사람들과 친하게 어울리며

능력 있는 사람들을 자기편으로 끌어들였던 반면

불같은 성격인 항우는 힘으로 사람들을 다스려서

모두가 항우를 두려워했지.

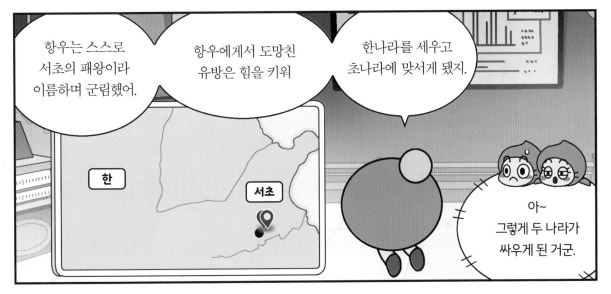

항우는 스스로 서초의 패왕이라 이름하며 군림했어.

항우에게서 도망친 유방은 힘을 키워

한나라를 세우고 초나라에 맞서게 됐지.

한

서초

아~ 그렇게 두 나라가 싸우게 된 거군.

응. 그 초한전쟁을 끝낸 최후의 전투가 바로 해하 전투야.

해하에서 결판이 나는구나.

앗! 저기 초나라 진영이 보인다!

너무 멀어서 안 보여.

난 북쪽 초원 출신이라 눈이 엄청 좋거든.

전쟁터에 무슨 미인이 있다고 호들갑이야?

앗! 카카오프렌즈다!

미인이란 게 네오였어?

혹시 저 사람이 우미인인가?

우미인은 또 누구야?

항우의 연인인데 중국 대표 미인 중 하나로 손꼽히지.

이봐! 곧 작전이 시작될 테니 정신 차려!

아, 알았어.

작전?

아하! 어둠을 틈타 지쳐 있는 초나라군을 기습 공격하는 작전인가 봐.

작전을 시작하라!

가자!

후다닥~

좋았어! 돌격하는 한나라군에 섞여 초나라 진영으로 가서 퍼즐을 저장하자.

와…

아?

멈칫!

뭐, 뭐야. 갑자기 웬 노래?

사람들이 다 같이 노래를 부르고 있어.

착!

설마 이게 작전?

그게 작전 맞아.

너희도 불러.

가사 몰라!

입 모양이라도 맞추라고!

나 참. 노래로 공격하는 건 처음 보네.

뻐끔 뻐끔

이건 고대 한나라의 노래인가?

아니, 초나라 노래야.

깜짝

뭐? 한나라군이 왜 초나라 노래를 불러?

적군의 마음을 공격하는 심리전이거든.

이 작전은 오랜 전쟁으로 지쳐 있던

초나라군의 사기를 더욱 떨어뜨렸어요.

아!

고향의 노래다…

훌쩍

훌쩍

가족들이 보고 싶어.

중국의 유명한 고사성어인 사면초가가

바로 이 사건에서 생겨났죠.

四面楚歌
넉(사) 얼굴(면) 초나라(초) 노래(가)

사방에서 들리는 초나라 노래

아무 도움도 받을 수 없는 외롭고 곤란한 상황을 이르는 말이에요.

그럼 사면초가에 빠진 항우는 이제 어떻게 돼?

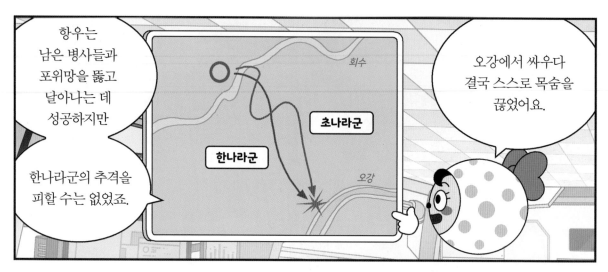

항우는 남은 병사들과 포위망을 뚫고 달아나는 데 성공하지만

한나라군의 추격을 피할 수는 없었죠.

회수

초나라군

한나라군

오강

오강에서 싸우다 결국 스스로 목숨을 끊었어요.

아! 그래서 퍼즐이 전쟁에 승리한 유방이 아니라

항우에게 가는 거군!

해하 전투는 항우가 최후를 맞이한 전투였어!

후다닥~

앗! 퍼즐이 왔어요!

여러분 바로 앞에서 오고 있어요!

저기 빨갛게 빛나는 퍼즐이 온다!

빨리 저장을…

반짝 반짝

휙~

웬 소란이냐!!

쩌렁 쩌렁

쌩!

쿵!

헉

혁!

퍼즐이 멈췄어요!

그럼 이 사람이 항우!!

머뭇 머뭇

이 노랫소리는…

반짝 반짝

퍼즐이 항우에게 있어!

카카오프렌즈가 바로 뒤에서 퍼즐을 저장하려고 기웃거리고 있네.

기웃

기웃

부들

부들

한나라군이 이미 초나라를 손에 넣었단 말인가.

어찌 이리도 초나라 사람이 많단 말인가…

항우는 불같은 성격으로 유명하잖아.

그러니까 지금 쟤들이 항우 눈앞에서 알짱거리면…

실례합니다~

알짱 알짱

아! 항우 성격에 가만있지 않겠구나!

으악!

버럭

후다닥~

우리 손으로는 카카오프렌즈를 해치울 수 없지만 항우라면 해치워 줄 수도 있겠어!

크크. 쟤들을 응원하기는 처음이네.

그런데 항우가 무서워서 그런지 앞으로 가질 못하고 있어.

캬하핫

어떡하지?

퍼즐이 언제 사라질지 모르니 빨리 저장해야 하는데.

덜덜덜

하지만 너무 무서워.

현대로 이어진 고대 중국

서초패왕 항우와 한왕 유방의 초한전쟁

〈패왕별희〉가 항우와 우희의 이야기였구나!

기원전 221년 중국 최초의 통일 국가였던 진나라의 군주 진시황제가 사망하자 나라는 혼란에 빠졌어. 항우는 기원전 207년 숙부인 항량과 함께 군사를 일으켜 진나라를 멸망시켰지. 그리고 '서초'라는 나라를 세워 스스로 '패왕'이 되었어. 항우는 키가 매우 크고 체격도 좋아 힘이 무척 셌대. 게다가 무기도 잘 다루고, 검술과 전투도 매우 잘했지. 항우와 함께 진나라 멸망에 힘쓴 유방은 이후 기원전 206년부터 기원전 202년까지 약 4년에 걸쳐 한나라를 세우고 항우와 다투게 되었어. 초기 한나라는 세력이 그다지 크지 않았어. 그런데 항우가 부하들을 공정하게 대하지 않는다며 항우를 떠나는 부하 장수들이 많아졌어. 또한 점령한 땅에 살던 거주민까지 잔인하게 죽이자, 항우의 주변에는 적이 더욱 많아졌지. 반면에 유방은 한신, 장량 등 유능한 인재들과 함께하면서 점차 세력을 키워 나갔어. 결국 항우는 해하에서 한나라 군대에 둘러싸인 채

경극 〈패왕별희〉 속 항우 분장

39

겨우 몇 백 명의 병사들과 함께 가까스로 오강까지 도망쳤어. 그런 다음 자신을 따른 모든 이를 배에 태워 보낸 후 홀로 적진에 뛰어들어 싸우다 결국 스스로 목숨을 끊고 말았지. 항우와 그의 연인인 우희의 마지막 이별 이야기는 중국의 전통 음악극인 경극으로 만들어졌어.

고대 중국의 역사를 담은 고사성어

중국 사람들은 역사나 책에서 배울 만한 이야기를 짧은 문장으로 만들어 내곤 했어. '고사성어'라고 하는데, 보통 네 글자로 된 관용어가 많아. 유비가 제갈량을 얻기 위해 그의 초가집을 세 번 방문했다는 삼고초려(三顧草廬) 이야기가 유명하지. 와신상담(臥薪嘗膽)은 춘추 시대에 서로 적으로 지내던 오나라와 월나라 이야기에서 유래되었어. 월나라 왕 구천이 오나라 왕과 세자를 죽이자 오나라의 둘째 왕자 부차는 수년 동안 장작 더미에서 자면서 실력을 키워 마침내 복수에 성공했지. 부차에게 치욕을 당한 구천은 항상 쓴 쓸개를 곁에 두고 패배의 쓴맛을 잊지 않으려 했어. 그는 다시 군대를 키워 20여 년 만에 부차를 사로잡았지. 와신상담은 "장작 위에 눕고 쓴 쓸개를 맛본다"는 뜻이야. 목표를 이루기 위해 힘들고 어려운 삶을 이겨 낸다는 의미지. 오월동주(吳越同舟)도 두 나라에서 비롯한 말이야. 배 위에서 사나운 물결 때문에 위기에 빠지면 아무리 원수인 오나라와 월나라 사람들이라도 그 위기를 벗어나기 위해서 협력한다는 뜻이야. 또, 건곤일척(乾坤一擲)은 초나라 항우와 한나라 유방이 하늘과 땅을 걸고 운명의 한판 승부를 겨룬다는 뜻이야. 당나라의 문인 한유가 지은 시에서 유래한 고사성어지.

나는 장작보다 따뜻한 네오가 좋아.

월나라 왕 구천의 것으로 알려진 4,000년 전 청동검

퀴즈 ❷ 초한전쟁에서 한나라 유방의 사면초가 전략으로 초나라 항우가 패한 전투는?

3장

삼국지 속으로

여기는 거리 한복판인가?

퍼즐은 앞에 있는 성벽 근처에 멈춰 있어요.

웅성 웅성 웅성

저기 사람들이 모여 있어.

여긴 어디야?

후한 말기 유주의 탁현이란 곳이에요.

후한?

초한 전쟁에서 승리한 유방의 한나라는 중국을 통일하고

400년 넘게 통일 왕조로 존재했지만 서기 8년에 잠깐 멸망했어요.

엥? 잠깐 멸망하다니?

8년에 한나라가 멸망하고 신나라가 세워졌지만

25년에 다시 한나라가 세워졌거든요.

후다닥~

그래서 두 한나라를 구분하기 위해 유방이 세운 한나라를 전한,

뒤에 세워진 한나라를 후한이라 부르죠.

BC 206년
한나라 (전한)
8년
신나라
23년 25년
한나라 (후한)
220년
삼국 시대

현한

아~

그런데 사람들이 왜 모인 거지?

앞에 붙은 벽보를 보는 것 같아.

뭐라고 쓰여 있는 거야?

황건적과 싸울 의병을 모집한대.

기웃 기웃 웅성 웅성

당시 후한은 황건적의 난으로 혼란스러웠어요.

황건적의 난?

대규모 농민 반란이에요.

부패한 정치 때문에 고통받던 백성들이 장각이란 태평교 지도자를 중심으로 반란을 일으켰는데

와아

이들이 노란 두건을 쓰고 있어 황건적이라 불렀죠.

앗! 퍼즐이 저기 벽보에 붙어 있어!

깜짝

반짝 반짝

빨리 앞으로 가자!

죄송합니다. 잠시만 앞으로…

벽을 통과해서 성벽 안쪽으로 들어갔어요.

헉! 그사이 퍼즐이 사라졌어!

스륵~

43

헉!

안쪽은 복잡한 시장이야!

와글와글

그럼 우리도 성벽 안으로...

깜짝

카카고, 퍼즐이 왜 시장으로 갔는지 알아?

네! 분명 세 명의 영웅을 찾기 위해서 일 거예요!

뭐? 중국의 영웅이 이 시장에 세 명이나 있다고?

그게 누군데?

그건 바로...

유비, 관우, 장비예요!

삼국지다!!

우와~

맞아요. 삼국지는 후한 말 혼란 속에 천하의 권력을 두고 치열하게 다툰

위, 촉, 오 삼국의 이야기인데

그 세 명은 삼국지에 나오는 영웅들이에요.

위, 촉, 오의 삼국 시대를 통일한 서진 시대의 학자

진수가 쓴 역사책이죠.

삼국지는 안 읽어 봤어도 유비, 관우, 장비는 알아.

그 유명한 세 사람이 시장에서 뭐 하는 거지?

세 사람이 처음 만난 장소가 바로 시장이야!

아!

응. 벽보를 보고 황건적과 싸우기로 뜻을 모은 세 사람은

라이언은 삼국지를 읽었구나.

복숭아나무 동산에서 제사를 올리며 의형제를 맺지.

도원결의
(桃園結義)
: 복숭아나무 동산 아래에서 형제의 의리를 맺다.

이 도원결의는 삼국지에서 유명한 부분인데…

그런데 사실 삼국지 역사에는 도원결의 부분이 없어요.

라이언이 읽은 건 삼국지연의예요.

뭐?

깜짝

그게 무슨 말이야?

삼국지는 뭐고 삼국지연의는 또 뭐야?

연의는 역사적 사실을 바탕으로 재미를 더해 만든 이야기야.

시끌

시끌

그럼 한마디로 삼국지연의는 삼국지 역사 소설이네.

응. 14세기 원나라에서 명나라로 나라가 바뀌던 시대의 인물인 나관중이

진수의 삼국지를 바탕으로 쓴 소설이지.

그 시장에서 유비, 관우, 장비가 만난다는 것도 소설 속 내용이야.

뭐?

응?

그럼 그 세 사람이 이곳에 있을 리 없잖아!

왜 퍼즐이 소설 속 장소로 온 거지?

삼국지를 따라 실제 역사 속으로 가지 않고.

진수가 쓴 삼국지는 인물 중심으로 썼기 때문에 시간 순서를 알기 어렵거든.

퍼즐이 언제 어디로 가야 좋을지 몰랐던 거지.

하지만 삼국지연의는 시간의 순서에 따라 사건이 벌어지는 소설이라

퍼즐이 여기로 온 거야.

소설 속 주인공들을 진짜로 찾을 수 있을까 해서 온 건가?

흥!

아무렴 어때. 우린 퍼즐만 찾으면 되지.

아무튼 퍼즐이 삼국지가 아닌

삼국지연의 이야기를 따라 움직일 거란 말이지?

응.

퍼즐이 지금 너희 근처 오른쪽 건물로 들어갔어!

그냥 음식점 같은데 왜 들어갔지?

엇, 카카오프렌즈!

이프, 이브가 왔어! 빨리 들어가자!

지금은 자리가 꽉 차서 들어갈 수 없어요.

깜짝

네?

먹으러 온 거 아니니까 잠깐 들어갈게요!

안 먹을 건데 왜 들어와요?

옥신

각신

기웃

기웃

소설에서 세 사람이 만나 뜻을 모으는 장소가 주막이라 퍼즐이 여기로 온 것 같은데…

앗! 퍼즐이 가게 안을 돌아다니다가 옆 가게로 갔어요!

옆 가게로?

유비, 관우, 장비로 보이는 사람을 못 찾았나 봐.

또 다른 가게로 갔어요!

후다닥~

또?

퍼즐이 가게를 옮겨 다니며 그 세 명을 찾아볼 생각인 것 같아.

이렇게 마구잡이로 퍼즐을 쫓아다니면 힘만 빠질 텐데.

하지만 퍼즐이 어디로 갈지 알 수 없으니…

내가 알아!

끄응~

후유~

장비의 집으로 갈 거야!

맞아요! 세 사람은 주막을 나와 장비의 집으로 장소를 옮기죠.

그럼 당장 장비의 집으로 Go Go!

주소를 몰라.

아…

집에 대한 힌트는 있어요!

세 사람이 도원결의를 맺은 복숭아나무 동산이 장비 집 뒤편에 있었어요.

삼국지연의

나관중

오~ 복숭아가 주렁주렁 달린 나무들이 집 뒤에?

아니요. 열매가 아니라 꽃이 활짝 핀 나무예요.

꽃이 핀 복숭아나무 동산부터 찾아보자!

실례합니다. 근처에 복숭아꽃을 볼 수 있는 곳이…

그럼 여긴 봄이구나~

49

아! 복숭아꽃이 가득한 곳이라면 저쪽이에요.

감사합니다!

저기래! 가자!

후다닥~

그러고 보니 이번 퍼즐은 시대의 영웅들만 쫓아다니네?

정말!

우, 항우 그리고 삼국지의 영웅들까지…

의형제가 된 유비, 관우, 장비는 그 후로 어떻게 돼?

여러 전투에서 함께 싸우며 이름을 떨쳐요.

뛰어난 인재를 얻기 위한 노력도 아끼지 않는데

지혜롭기로 유명한 제갈공명을 만나기 위해 그가 숨어 지내는 산속 오두막집을

세 번이나 찾아가 겨우 만난 일은 삼국지연의의 유명한 이야기죠.

삼고초려
(三顧草廬)
: 오두막집을 세 번이나 돌아보다.

그렇게 유비, 관우, 장비는 능력 있는 사람들과 함께

또 다른 삼국지의 영웅들과 역사적인 전투도 치렀어요.

유비

조조

손권

적벽대전

결국 조조의 아들인 조비가 위나라,

유비가 촉나라,

손권이 오나라를 세우면서

위, 촉, 오 삼국 시대가 열렸죠.

우아~ 유비가 촉나라의 황제가 됐구나!!

헤헷~

위

촉

오

앗! 저기 복숭아나무 동산이다!

정말 복숭아꽃이 활짝 폈어.

아름다워~♥

우와~

그런데 너무 넓어서 어디로 가야 할지 모르겠어.

아! 여기서 도원결의를 한다고 했잖아!

이 근처에 그 세 명이 있을 수도…

흥!

두리번 두리번

아 참, 그랬지.

없어! 그건 소설이잖아.

하나라가 전설과 실재 사이에 있는 나라라면

여긴 소설과 실재 사이에 있는 것 같아.

끄응~

오늘은 집에 모여서 얘기만 나눌 거야.

내일 집 뒤편 도원에서 형제의 의를 맺읍시다!

아~

우린 근처에 있는 집을 살피자.

스윽

하지만 만약 주인공들이 소설처럼 도원결의를 한다 해도

그건 내일이야!

내일?

그럼 오늘은?

역사를 바라보는 여러 관점

정사 《삼국지》와 소설 《삼국지연의》

진수의 역사서 《삼국지》와 나관중의 역사 소설 《삼국지연의》는 모두 2세기 말에서 3세기 말의 후한 시대와 삼국 시대를 거쳐 진나라가 전국을 통일한 시대까지의 역사를 다루었어. 진수가 편찬한 《삼국지》는 진짜 역사를 다룬 역사서지만 아쉽게도 원본은 남아 있지 않아. 지금 전해지는 것은 후대에 만들어진 사본으로, 5세기에 남북조시대 송나라의 배송지가 설명을 달아 놓은 역사서야. 배송지는 황제의 명령으로 150여 종의 다른 사서를 참고해서 설명을 달았지. 이것이 바로 진짜 역사를 다룬 정사 《삼국지》야. 원나라 말기에서 명나라 초기의 소설가 나관중은 진수의 《삼국지》를 바탕으로 소설을 썼는데, 그것이 바로 《삼국지연의》야.

판본이 이렇게나 많다니!

연의는 "사실을 재미있고 이해하기 쉽게 설명한다"는 뜻이야. 《삼국지연의》는 독자의 흥미를 불러일으키기 위해 역사적 사실에 민간에 전해진 재미있는 이야기나 흥미로운 요소를 많이 추가했지. 그래서 위나라에서 나온 진나라가 천하를 통일한 실제 역사와 달리 《삼국지연의》는 촉나라의 유비를 주인공으로 삼고 그 주변 인물인 관우와

관우를 기리기 위해 세운 사당인 한국의 동묘(동관왕묘)

장비, 제갈량을 매우 긍정적으로 묘사해. 《삼국지》 하면 《삼국지연의》를 떠올릴 정도로 나관중의 소설은 유명해졌지.

천하를 통일한 진나라와 이어지는 혼란의 시대

실제로 위, 촉, 오의 삼국을 통일한 사람은 진나라의 사마염이야. 사마염은 265년에 위나라의 마지막 황제에게 압력을 넣어서 스스로 황제가 되고 진나라를 세웠어. 280년에는 오나라까지 멸망시키고 천하를 통일했지. 다른 진나라와 구분하기 위해 사마염의 진나라는 서진이라고 불러. 그런데 서진도 그렇게 오래가지는 않았어. 사마 가문은 위나라 말기부터 대단한 권력을 휘둘러 왔대. 그래서 많은 귀족들이 정치가 아닌 사치와 즐거움에만 빠져들었지. 아예 복잡한 사회를 떠나 대나무 아래서 거문고와 술을 즐긴 일곱 명의 선비들, '죽림칠현'이 등장하기도 했어. 300~306년에는 사마 가문의 실력자 여덟 명이 왕위를 두고 다투는 팔왕의 난이 일어났지. 많은 백성들이 사마 가문의 군대에 끌려가는 바람에 농사를 짓지 못해 굶주릴 지경이 되었대. 사마 가문은 심지어 유목민까지 군대로 끌어들였어. 하지만 흉노족, 선비족 등 다섯 유목 민족들이 화북 지역을 침략하면서 나라는 완전히 혼란에 빠졌어. 결국 사마염이 나라를 세운 지 36년 만인 316년에 서진은 멸망하고 말았어. 화북 지역을 차지한 유목 민족들은 각각 나라를 세웠지. 그리고 300여 년간 45개의 왕조와 235명의 군주가 생겨나는 혼란스러운 시대가 계속되었어.

완전 혼란 그 자체로군!

서진 시대 숲에 은둔하던 7명의 현자 '죽림칠현'을 묘사한 당나라 시대의 그림

퀴즈 ③ 유비, 관우, 장비가 복숭아나무 동산에서 의형제를 맺은 일을 표현한 고사성어는?

4장
중국 유일 여황제, 측천무후

두 번째 퍼즐이
있는 곳은 어디야?

후다닥~

허난성에 있는
뤄양이란 도시예요.

시대는
당나라고요.

중국

뤄양

허난성

당나라라고?

당나라라면
우리가 실크로드의
타클라마칸
사막에서

현장 법사를
만났을 때군! ✿

그때 모래 늪에
빠질 뻔했지.

헤헷~

여러분이
지금 가는 시대는
그때로부터
몇십 년이 지난

저기
집이 있다!

시간문
열었어요!

690년이에요.

우다다다

✿ 〈Go Go 카카오프렌즈5 - 중국❶〉편의 7장을 참고하세요.

여기가 당나라의 뤄양이란 말이지?

아! 이제 주나라예요.

엥? 하지만 아까는 분명 당나라라고…

쏙!

크크~ 카카고가 오랜만에 실수했구나?

실수가 아니에요.

방금 당나라에서 주나라가 됐거든요!

갑자기 나라가 바뀌어?

헉

삼국지처럼 천하의 권력을 두고 싸우며 나라를 세우던 때인가?

그러기엔 다들 평화로워 보이는데…

걱정 마세요. 측천무후가 황제로 즉위하면서 나라 이름만 바뀐 거니까요.

지금 수도인 장안에서 측천무후의 황제 즉위식이 열리고 있어요.

측천무후가 누군데?

중국 역사상 최초이자 유일한 여성 황제예요.

이름은 무조인데

측천무후
(624~705)

현장 법사 시절 당나라 황제였던 태종의 후궁으로 궁에 들어갔다가

태종이 사망하자 법도에 따라 궁을 떠나 절에 들어갔죠.

그러나 얼마 후 다음 황제인 고종의 후궁으로 다시 궁에 들어가 황후의 자리까지 올랐어요.

건강이 나쁜 고종을 대신해 나라를 다스리던 측천무후는

고종 사망 후 차례로 황제가 된 아들들인 중종, 예종을 폐위시키고 스스로 황제가 됐죠.

아~

그러면서 나라 이름을 당나라에서 주나라로 바꾼 거군.

네. 그리고 수도도 바꿨어요.

장안에서 뤄양으로요!

뤄양이면 여기?

깜짝

장안 (현재 시안)
뤄양

네.

뤄양은 예부터 장안과 더불어 중국의 수도 역할을 해 온 도시죠.

아~ 그래서 퍼즐이 새로운 수도인 뤄양에 온 거구나.

그럼 도시를 돌아다니려나?

아니요. 퍼즐은 뤄양의 최고 명소인 룽먼 석굴로 갈 거예요.

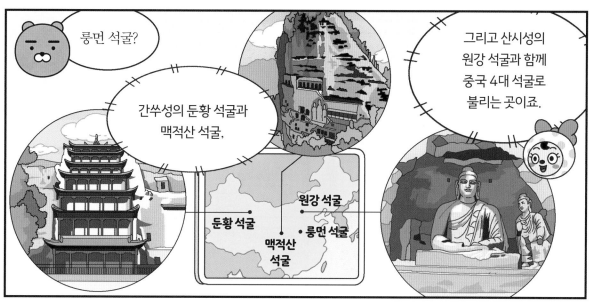

룽먼 석굴?

간쑤성의 둔황 석굴과 맥적산 석굴,

그리고 산시성의 원강 석굴과 함께 중국 4대 석굴로 불리는 곳이죠.

원강 석굴

룽먼 석굴

둔황 석굴

맥적산 석굴

뤄양의 중심지에서 남쪽으로 좀 떨어진 곳에 있는데

이허강의 절벽에 있는 석굴이에요.

강 절벽에 있다고?

헉

네. 그래서 지금 퍼즐도 강물을 따라 룽먼 석굴로 가고 있어요.

접근하기 쉽지 않은 위치군.

강이다!

지금 퍼즐이 그 앞을 지나가요.

강이 넓어서 보이지도 않아.

룽먼 석굴 가까이에는 시간문 열 곳이 없는 거야?

맞은편에 향산사라는 사찰이 있지만

샤아아

거기서 헤엄쳐 강을 건너긴 위험해요.

그럼 배로 가는 수밖에 없군.

● 룽먼 석굴

이허강

● 향산사

앗! 저쪽에 배가 있어!

아저씨~ 그 배 얼마예요?

엥?

가자!

그런데 룽먼 석굴에 아무나 가도 될까?

이때는 관광지가 아닐 텐데.

첨벙~

첨벙~

그때는 한창 석굴을 만들고 있을 때예요.

아, 그럼 일꾼인 척하면 되겠다.

좌악

룽먼 석굴은 5세기 말부터 아주 오랜 세월에 걸쳐 만들어졌는데

당나라의 고종과 측천무후 시대 때 가장 활발하게 만들어졌어요.

룽먼 석굴의 반 이상이 바로 이 시대에 만들어졌죠.

저기 석굴이 보여!

우아~ 가파른 절벽에 뚫린 구멍 속에 불상들이 조각되어 있어.

멋지다~

휘이이잉!~

앗! 바람이 세게 분다!

배가 빨라졌어!

그 속도라면 퍼즐을 따라잡을 수도 있겠어요!

Go Go!!

좌아악

여기가 룽먼 석굴에서 가장 가까운 곳이라고?

어딘데?

6세기 초에 처음 지어진 향산사라는 사찰이야.

그 나라 황제인 측천무후가 즐겨 찾았던 장소지.

당나라인가?

후다닥~

아니! 주나라가 됐어!

그리고 두보, 이백과 함께 당나라 시대를 대표하는 시인인

백거이가 18년간 향산사에서 살기도 했어.

백거이 (772~846)

방금 주나라라며?

백거이 때는 당나라가 됐어.

뭐야? 이랬다 저랬다!

측천무후가 병들어 자리에서 물러난 후에 다시 당나라가 됐단 말이야!

버럭

아~
그래?

폐위되었던
측천무후의 아들인
중종이 복위하면서

다시 당나라로
되돌렸다고!

당나라 역사에서
15년간 존재했던
주나라는

훗날 학자들이
다른 시대의 주나라와
구분하기 위해

측천무후의 성인
무를 붙여
무주라 불렀어.

짧지만
강렬한 역시였네.

맞은편에 보이는 곳이
바로 룽먼 석굴이야.

우아~ 절벽 전체가
굴과 불상으로
가득해!

룽먼 석굴에는
10만 개가 넘는 불상과
약 2,500개의
석비, 비문

그리고
50개가 넘는 불탑이
있거든.

끄응~

설마
퍼즐이 저길
다 돌아다니진
않겠지?

그중에 확실하게 갈 곳은 봉선사동이야!

이허강

향산사

봉선사동

서산 석굴

동산 석굴

봉선사동이 어딘데?

거기서 가장 큰 석굴!

두리번

두리번

저기다!

당나라 때 만들어진 룽먼 석굴의 석조물 중 가장 크고 대표적인 작품이지.

그 석굴 안에는 9개의 거대 석상이 있는데

퍼즐은 분명 가운데에 있는 노사나불로 갈 거야.

크기가 가장 커서?

그런 것도 있지만 노사나분은 만든 때 측천무후를 모델로 삼았다는 소문이 있거든.

오~ 정말?

하지만 시기적으로 봤을 때 그럴 가능성은 적다는 말도 있어.

뭐야~

첫!!

일꾼들이 있었으면 물어봤을 텐데 오늘은 아무도 없네.

아무튼 저길 가려면 강을 건너야 하는데 물에 뛰어들어야 하나?

이허강은 황허의 강줄기 중 하나야.

황허?

꾸응~

어푸 어푸

촤아악

황허강보다는 물살이 잔잔해 보이지만

안 좋은 기억이 있어서…

그럼 물에 떠내려가지 않게 소매를 저쪽에 묶고 건너가는 건 어때?

강이 너무 넓긴 하지만 해 보자.

촤악

이얍!

69

됐다!
건너편 나무에
묶였어!

그런데
저쪽이 더 낮아서
이대로 뛰어내리면
물에 빠질 텐데.

뛰기도 무서워.

아!
고리를 걸어서
집라인처럼
건너가자!

그래!
좋은 생각이야!

네가
먼저 건너!

겁내기는.

허리띠로
고리를 만들어서
팔에 걸고…

가자!

흔들~ 흔들~

휘잉!

퍼즐 왔대! 빨리 건너, 이프!

바람 때문에 흔들려서 속도가 줄었단 말이야!

앗! 저기 퍼즐 보인다!

어? 그런데 퍼즐 뒤에 돛단배가…

어?

반짝 반짝

깜짝

잇! 배에 카카오프렌즈가 타고 있다!

꺅! 이프, 이브가 팔로 막고 있어!

팔 치워!

화들짝

못 해! 너희가 배를 멈춰!

73

당나라의 흔적들

중국 유일의 여성 황제 측천무후

측천무후는 중국 역사 속 유일한 여성 황제야. 637년에 14세의 나이로 당나라 태종의 후궁으로 궁에 들어갔는데, 태종이 죽은 뒤에 황실의 규칙에 따라 '감업사'라는 절에 들어가지. 그런데 태종의 뒤를 이은 고종의 눈에 들어 고종의 후궁으로 다시 황실로 돌아왔어. 그 후 자신을 황실에 돌아올 수 있도록 도왔던 왕황후를 쫓아내고 황후가 되었어. 고종이 병들자 그를 대신해 직접 정무를 돌보았지. 고종이 죽은 뒤에는 자신의 셋째 아

중국에 여성 황제가 있었다고?

들 이현을 황제로 올렸어. 하지만 이현의 아내와 처가에서 권력을 휘두르자, 이현을 황제의 자리에서 내쫓고 막내아들을 황제로 삼았어. 그리고 사실상 모든 권력을 장악하고 직접 정무를 보았지. 결국 측천무후는 자신에게 반발하는 모든 세력을 물리친 뒤, 아들에게서 황위를 넘겨받았어. 690년에 나라의 이름을 '주'로 고쳐 황제가 되었고, 15년간 주나라를 다스렸어. 측

측천무후의 궁이었던 명당(오른쪽)과 측천무후가 세운 탑 천당(왼쪽)

천무후는 반대 세력을 매우 엄격한 공포 정치로 다스렸지만, 백성들은 편안한 삶을 누리도록 안정적인 정치를 했지. 개인의 삶에 대해서는 부정적인 평가가 많지만, 정치적으로는 새로운 관례와 제도를 시행했어. 인재를 아껴 능력 있는 사람에게 중요한 자리를 맡기기도 했지. 말년에는 아들인 중종에게 황제의 자리를 물려주고 태상황의 지위를 누렸어.

중국의 찬란한 불교문화

한나라 때부터 생긴 여러 무역로를 통해 인도에서 탄생한 불교가 서역(티베트)을 거쳐 중국에까지 전해졌어. 후한 시대에는 불교의 경전이 한자로 번역되면서 점차 자연스럽게 뿌리를 내렸고 불교문화는 수나라와 당나라 때 전성기를 이루었어. 뤄양시 남쪽 언덕에는 수많은 석굴이 있는데 그게 바로 룽먼 석굴이야. 이허강과 맞닿은 동산과 서산에는 조각하기 쉬운 석회암 재질의 가파른 절벽이 있는데 여기에 수많은 석굴을 만든 거야. 룽먼 석굴에는 10만 개가 넘는 불상과 2,500개의 석비와 비문이 있어. 북위의 황제가 수도를 뤄양으로 옮긴 뒤 493년에 석굴을 만들기 시작해서 4세기나 걸려서 완성되었지. 그사이에 왕조도 바뀌었어. 특히 당나라 고종과 측천무후 시기에 룽먼 석굴의 60퍼센트가 만들어졌지. 그 외에도 우타이산은 중

장엄한 자연에 깃든 마음이 느껴져!

국의 4대 불교 성지 중 하나로, 문수보살 신앙의 중심지야. 문수보살은 불교의 지혜와 많은 복을 상징하는 보살이야. 우타이산에는 사찰이 100여 개 있어. 그중 포광사에는 당나라 때 지어진 가장 오래된 목조 건물의 동쪽 본전이 있고, 수상사에는 500개나 되는 조각상이 있지. 룽먼 석굴은 2000년, 우타이산은 2009년 유네스코 세계 문화유산으로 지정되었어.

룽먼 석굴의 대형 불상

퀴즈 ❹ 과거 장안과 함께 중국의 수도 역할을 했던 도시는?

5장

역적을 잡아라!

아, 송나라!

거기서 국제 시장을 돌아다니며 퍼즐을 쫓아다녔는데~ ✿

내, 내가 뭘?

시간문 열렸어! 빨리 가, 이브!

허둥

지둥

탁!

어? 기억 안 나?

정확히는 북쪽 금나라의 공격에 송나라가 남쪽으로 물러났던 남송 시대였지.

혁

맞아. 그때 이프가…

이프?

지금 쫓고 있는 퍼즐이 이프가 저장했다가 놓친 거잖아.

야! 조용히 해!

쉿 쉿

뭐야?

아, 그때 이브는 없었구나.

이프! 너 중국 못 갔다며!

우우웅~

✿〈Go Go 카카오프렌즈5 - 중국 ❶〉편의 8장을 참고하세요.

다 잡은 걸 놓치냐? 이 바보!

각신

옥신

나는 말 안 했다~

네가 이럴 줄 알았어!

아무튼 그 송나라가 몽골족이 세운 원나라에 의해 멸망했고

원나라 다음에 세워진 나라가 바로 명나라예요.

앗! 퍼즐이 옆을 지나가요!

쌩!

두리번

두리번

옆에? 어디?

저기 담장 위에 있어!

깜짝

앗! 담장을 넘어간다!

스룩~

틱!

흔들~

흔들~

폴짝

여긴 어딘데 이렇게 담이 높아?

거긴 바로…

자금성이야!

우와~

황금빛 지붕들이 쫙~

명나라와 청나라 황제들이 살았던 궁으로 세계 최대 규모의 궁궐이라고 해요.

이 넓고 높은 궁궐에서 뛰어다니며 퍼즐을 쫓을 순 없어.

시간문 열어서 가자!

착!

카카고, 퍼즐이 어디로 가고 있어?

여러분이 있는 내정을 돌아다니고 있어요.

우다다다

내정?

자금성은 크게 내정과 외조로 나뉘는데

내정은 황제를 비롯한 황족들이 거주하는 곳이죠.

내정

외조

그럼 외조는?

위이잉!

황제가 국정을 돌보는 곳이에요.

후다닥~

그런데 여긴 어디야?

건청문이야. 내정과 외조를 드나드는 문이지.

퍼즐은 분명 내정을 돌아다니다가 그 문을 통해 외조로 갈 거야.

그럼 여기서 기다리기만 하면 되겠네~

하지만 되도록 눈에 띄지 않게 조심하세요.

현재 자금성은 고궁 박물관이란 이름으로 일반인에게 공개됐지만

과거엔 엄청나게 비밀스러운 궁이었거든요.

내정

외조

특히 황족들이 사는 내정은

출입이 엄격하게 제한되어 더욱 비밀스러운 곳이었죠.

그럼 반드시 여기서 저장해야겠군.

비밀스러운 궁을 뛰어다닐 순 없잖아.

응!

여기에서 놓치면 이번엔 저 넓은 외조를 돌아다니겠지?

어휴~ 누가 이렇게 궁궐을 크게 지은 거야.

으악!

명나라 제3대 황제인 영락제가 지었어.

베이징

난징

영락제는 황제가 된 후 난징이었던 수도를

자신이 어린 시절부터 기반을 다져 온 지역인 베이징으로 옮기면서 자금성을 지었거든.

아~ 그때부터 베이징이 중국의 수도가 된 거군.

그래.

퍼즐이 뒤쪽 내정에서 건청문으로 가요!

왔다!

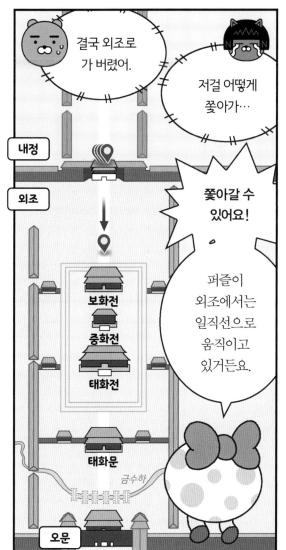

결국 외조로 가 버렸어.

저걸 어떻게 쫓아가…

내정

외조

쫓아갈 수 있어요!

퍼즐이 외조에서는 일직선으로 움직이고 있거든요.

보화전

중화전

태화전

태화문

금수하

오문

돌아다니지 않고 직진한다고?

그럼 퍼즐 앞쪽 건물에 시간문 열면 되겠다!

헤헷~

그런데 건청문은 잠겨서 다른 문을 찾아야 해.

앗! 저기 돌 난간에 구멍이 있어!

두리번

두리번

구멍을 막자!

시간문 열렸어요.

꾸욱~

퍼즐은 보화전을 지나 중화전으로 갔어.

그래서 시간문을 어디로 열었는데?

중화전 앞에 있는 태화전!

우아! 엄청나게 거대한 궁전이다!!

태화전은 황실의 중요한 공식 행사가 치러지던 자금성의 대전이에요.

그런데 태화전 앞 넓은 마당엔 아무것도 없네?

휑~

나무 한 그루 없어.

자금성 중앙 건물 쪽에는 나무가 없어요.

사람을 해치려는 자객이 숨을 수 없도록 한 거래요.

아하!

그런데 퍼즐을 잡기 위해 저 마당을 뛰어다녀야 한다면

우리도 숨을 곳이 없겠다.

저 마당을 왜 뛰냐?

흥!

맞아.

여기서 퍼즐을 놓치더라도

저기 멀리 있는 문에 다시 시간문 열면 되지.

태화문이야.

하지만 시간이 없으니까 퍼즐 놓치지 말고 태화전에서 저장해.

와~

어? 이게 무슨 소리지?

왜 시간이 없어?

퍼즐이 왜 명나라 말기인 1644년의 자금성으로 왔겠어?

그 이유는 바로…

와아

응? 웬 함성이…

와아

아! 반란군이 왔나 봐!

깜짝

반란?

반란이 일어났어?

네, 이자성의 난이에요!

명나라 말기 후금과의 오랜 전쟁과 지독한 가뭄으로 백성들은 고통받는데

와아

황실과 관리들은 사치와 부정부패를 일삼아

농민들이 반란을 일으킨 거죠.

반란은 점점 커졌고 베이징까지 온 반란군은 곧 자금성으로 들어올 거야.

정말 시간이 없네.

허둥 지둥

아! 그래서 아까 내정에 있던 사람이 놀라서 문을 닫은 거구나.

우리가 빈란군인 줄 알았나 봐.

헉

반란군은 자금성의 정문인 오문을 통과해

태화문으로 들어올 거예요.

후으~

다행히 퍼즐 반대쪽에서 오는군.

와아

와~

함성이 점점 가까워지고 있어.

퍼즐이 태화문에 왔어요.

어휴~ 퍼즐에만 집중하기도 바쁜데 양쪽을 다 신경 써야 하다니.

지금 반란군이 오는데 위험하게 퍼즐을 쫓아가라고?

자금성은 워낙 넓어서 태화문에서 태화전까지 오는 데도

한참 걸린단 말이야!

아, 그럴 것 같긴 하네.

발끈!

와~

그래! 퍼즐이 직진하니까 얼른 아래로 내려가서

특수 장치로 저장한 후

곧바로 시간문으로 탈출하면 가능하겠는데?

착!

가자!

후다닥~

어? 저기 궁에 있던 병사들이 반란군을 막으러 간다.

허둥

지둥

역적이다!

역적들이 궁에 들어왔다!!

설마 우릴 반란군으로 생각하진 않겠지?

그럴 리 없지. 반란군은 저쪽에서 오잖아.

다다다다

빨리 조준해서 퍼즐이나 잡아.

저기 퍼즐 간다!

그런데 바닥이 울퉁불퉁해서

몸이 흔들리니까 조준을 못 하겠어.

?

뒤뚱

뒤뚱

앗! 여기도 역적이 있다!!

네?

화들짝

버럭

우리요?

우리가 왜 역적이에요?

뛰는 방향이 다른데!!

발끈!

너희가 지금 감히 어로를 밟고 있잖아!

어로?

이 울퉁불퉁한 돌길 말인가?

참! 그 가운데 용이 새겨진 대리석 길은 황제만이 가마를 타고 다니는 길이라서

아무나 밟으면 처형당하는데…

그런 건 빨리 말했어야지!

이쪽에도 저쪽에도 역적이…

결국 자금성이 점령당하자 황제인 숭정제는 스스로 목숨을 끊었고

명나라는 멸망했어.

우리 계획도 망했어!

퍼즐이 이동했어!

도망가자!

어로로 도망가서 쫓아갈 수도 없고!

베이징과 찬란한 문화유산

중국의 수도 베이징

베이징은 역사가 3,000년 이상 된 도시로, 860년간 수도로서 중국의 정치, 행정, 문화, 교육 중심지였어. 허베이 북부 지방에서 주로 활약하던 유목 민족들에게 전략적으로 중요한 지역이기도 했지. 춘추 전국 시대 연나라는 베이징을 수도로 삼았어. 그래서 '연나라의 수도'라는 뜻으로 '연경'이라 불렸는데, 이후로도 오랫동안 연경으로 불렸지. 한족뿐만 아니라 많은 유목 민족 왕조도 베이징을 수도로 삼았어. 거란족이 세운 요나라, 여진족이 세운 금나라, 몽골족이 세운 통일 왕조 원나라에 이어서, 한족의 통일 왕조인 명나라와 만주족이 세운 청나라도 베이징을 수도로 삼았지. 현재

볼거리가 정말 정말 많구나!

까지도 베이징은 중국의 수도 지위를 유지하고 있어. 오랜 역사를 간직한 도시라 세계적인 유적과 유물도 굉장히 많아. 만리장성, 명나라의 십삼릉경구역, 자금싱, 저우커우뎬 베이징원인 유적, 이화원, 천단, 대운하 등 세계에서 가장 많은 유네스코 세계유산을 보유한 도시이기도 하지.

빌딩이 즐비한 베이징 중심 업무 지구

이렇게 전통적인 유산이 많지만, 동시에 500대 글로벌 기업의 본사를 가장 많이 유치한 매우 현대적이고 국제적인 도시이기도 해.

황제 권력의 상징 자금성

베이징의 대표적인 고궁인 자금성은 72만 제곱미터의 면적에 건물 980채, 8,707칸의 방으로 이루어진 궁으로 세계 최대 규모의 궁전이야. 명나라 때 영락제가 수도를 베이징으로 옮기면서 1406년부터 1420년까지 14년 동안 100만 명 이상의 노동력과 엄청난 물자를 쏟아부어 지었지. 그 이후로 1912년까지 500년 가까이 명나라와 청나라 황실의 공식 궁전으로 사용되었어. 14명의 명나라 황제와 10명의 청나라 황제, 그리고 황실 가족들의 거처였지. 자금성이라는 이름은 황제가 거주하는 우주의 중심 자미원에서 따온 '자(紫)'와 황제의 허락 없이는 누구도 갈 수 없다는 뜻의 '금(禁)'을 이어지었어. 자금성은 중국에서 가장 규모가 크고 보존이 잘된 옛 건축물이야. 그중 태화전은 자금성의 정전으로 8미터 높이의 백색 대리석 단 위에 세워진 건물로, 자금성에서 가장 큰 건축물이지. 태화전 천장에는 여의주를 문거대한 황금 용이 조각되어 있어. 이곳에서 황제와 신하들이 중요한 나랏일을 의논했대. 청나라 때는 황제의 즉위식이나 결혼식 같은 중요한 행사를 진행했지. 자금성의 건물들은 주로 목재로 이루어졌는데, 거의 모든 건물에 황금색 기와를 얹었어. 노란색이 황제를 상징하는 색이었기 때문이래. 현재 자금성은 고궁 박물관으로 이용되어 수많은 관람객들에게 명나라와 청나라 시대의 진기한 보물과 볼거리를 제공하고 있어.

> 황제의 위엄이 느껴져!

현재의 자금성 풍경

퀴즈 ❺ 명나라 말 후금과의 전쟁과 가뭄으로 고통받은 백성들이 일으킨 반란은? ○○○의 난

6장

누가 진짜
경극 배우일까?

딸깍!

이자성의 난에 있던 퍼즐이 여기로 왔어?

네. 1790년의 베이징이에요.

와글

와글

여기가 아까와 같은 장소인 베이징이라고?

궁궐 밖이라 그런가? 분위기가 확 바뀌었어.

그건 그때가 청나라라서 그래요.

명나라는 한족이 세운 나라였지만

청나라는 만주족이 세운 나라거든요.

시끌

시끌

사람들이 입은 옷도 달라졌어.

만주족 전통 의상인 치파오예요.

현대에는 보통 옆이 트인 원피스 형태의 여성 옷을 말하는데

원래는 남녀 의상을 이르는 말이었죠.

아!
저 머리 모양
중국 영화에서
많이 봤어.

변발이에요.

앞머리는 삭발하고
뒷머리는 땋아서 길게
늘어뜨리는 만주족
풍습인데

명나라를 점령한
청나라는 한족에게
변발을 하도록
강요했죠.

그런데 어떻게
청나라가 베이징을
점령한 거야?

명나라의 마지막 황제가
죽은 후 명나라 장군인
오삼계는

청나라와 손잡고
이자성의 난을
진압했어요.

퍼즐은 그 거리를
돌아다니는 중인데 어디로
갈지 모르겠어요.

이 시대에서
가장 유명한 인물은
누구야?

아무래도 당시
청나라 황제인
건륭제죠.

그렇게 베이징에 들어와
반란을 끝낸 청나라가
명나라를 점령하면서

본격적으로
청나라 시대가
펼쳐진 거예요.

청나라
(1636~1912)

청나라 전성기를 이끈 강희제와

강력한 통치의 옹정제에 이어

청나라 6대 황제 건륭제는

영토를 크게 넓히고 경제와 문화를 번영시키며

청나라 최고 황금기를 이룩했어요.

4대 황제 강희제 (1654~1722)

5대 황제 옹정제 (1678~1735)

6대 황제 건륭제 (1711~1799)

이 세 황제 시기의 태평성대를 강건성세라 부르죠.

황금기라 그런지 거리가 온통 축제 분위기야.

웅! 다들 신나 보여.

축제 맞아요!

호호

하하

까르르

1790년에 건륭제의 80세 생일을 맞아 며칠 동안 축제가 이어졌거든요.

건륭제의 팔순 잔치라고?

그럼 퍼즐은 확실히 건륭제에게 가겠군!

척

하지만 건륭제에게 갈 생각이었으면

황제가 있는 자금성으로 갔겠지.

응. 자금성 바깥을 돌아다니는 걸 보면 건륭제는 아니야.

퍼즐의 움직임이 그냥 구경하는 것 같기도 하고 뭔가 찾는 것 같기도 하고…

챙 챙

짝 짝 짝

우아~ 순식간에 가면이 바뀌었어!

잘한다!

앗! 저기서 공연한다!

착!

공연이라고요?

건륭제 80세 생일…

베이징은 한자로 북경…

공연…

알았어요! 경극이에요!

네. 일단 그곳에서 휘반이라는 극단을 찾으세요.

퍼즐은 그 극단을 찾는 게 분명해요.

경극?

후다닥~

혹시 휘반 극단인가요?

아닌데요.

99

한편
이프, 이브는

시끌

시끌

퍼즐이 경극에 관심 있는 거라고?

경극이 뭔데?

일명 베이징 오페라라고 불리는

중국의 유명한 공연 예술이야.

그럼 경극 공연하는 곳을 찾으면 되겠네.

경극 공연 어디서 해요?

후다닥~

경극이 뭐야?

그땐 경극이란 이름이 생기기 전이니까 당연히 모르지.

엥? 중국의 유명한 예술인데 왜 모르지?

경극은 안후이성과 장시성 사이 지역인 휘주 지방의 공연 문화에서 시작되었는데

안후이성

휘주

장시성

건륭제의 80세 생일 잔치에서 공연한 극단 중

안후이성 극단인 휘반의 공연을 건륭제가 굉장히 좋아했대.

100

그 소문이 베이징에 퍼졌고 휘반의 공연에 다른 지방극의 장점이 더해져 크게 유행하면서

오늘날의 경극이 된 거야.

시끌

시끌

경극이란 이름도 베이징, 즉 북경에서 유행하고 발전했다고 해서

경극이라 부르게 된 거고.

아~

그럼 지금은 아무도 경극을 모르겠군.

후유~

그래. 그러니까 경극을 찾을 게 아니라

휘반이란 극단을 찾아야 해.

퍼즐도 휘반을 찾는 중일 거야.

아직 유명하지도 않은 극단을 여기서 어떻게 찾아?

어쩌라고~

버럭

응?

앗! 저기 화려하게 분장한 사람들이 있어!

공연 연습하나 봐.

그런데 되게 특이하다.

독특한 목소리로 노래하는 것 같기도 하고 대사를 하는 것 같기도 하고~

몸짓은 춤을 추는 것 같기도 하고 무술을 하는 것 같기도 하고~

빼꼼~

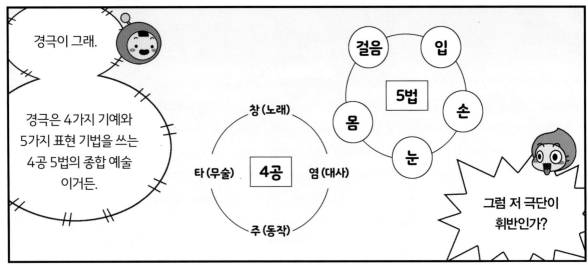

경극이 그래.

경극은 4가지 기예와 5가지 표현 기법을 쓰는 4공 5법의 종합 예술이거든.

창 (노래)

타 (무술) 4공 염 (대사)

주 (동작)

걸음   입

5법

몸   손

눈

그럼 저 극단이 휘반인가?

휘반인지 아닌지는 모르겠지만

퍼즐이 오면 저기 멈출 것 같아.

그림 여기서 기다리고 있다가 퍼즐이 오면…

어? 저기 경극 의상과 분장 도구가 있네?

그래? 잘됐다. 그럼…

훔쳐!

퍼즐은 경극 배우에게 멈출 게 뻔하니까

너희가 분장하면 너희한테 멈출 거야.

후다닥~

아까 그 사람들이랑 최대한 똑같이 분장하고.

샥

샥

됐다!

이제 퍼즐 쪽으로 가자.

앞에서 오고 있어.

앞에?

휘적

휘적

깜짝

앗! 저기 경극 배우들이 보여!

우다다다

퍼즐도, 휘반도 못 찾겠어.

됐다!

앗! 퍼즐은 안 보이고 카카오프렌즈가!!

응!
이름 써 놨어.

잠깐
옷 좀 볼게.

아, 안 돼!
만지지 마!
옷 구겨져!

화들짝

갑자기
똑같이 생긴
배우들이
나타났어!

둘 중 하나는
이프, 이브란
뜻이군.

양쪽 다
경극 톤으로
목소리를 바꿔서
내고 있어.

말투로 봐선
저쪽이 이프, 이브
같은데…

퍼즐은?

그 주변에 있는데
퍼즐도 어디로 가야 할지
모르는 것 같아요.

그럼 우리는
구경꾼들 사이로
가서 찾아볼게.

우리는 배우들을
지켜보고 있을게.

옥신 각신

티격 태격

가짜를 골라내야
퍼즐이 올 텐데.

후다닥~

105

계속 싸울 게 아니라 배우라면 연기로 승부하는 게 어때요?

연, 연기로?

좋아! 연기는 자신 있으니까!

우리가 지면 배우를 관두겠어!

깜짝

대신 우리가 이기면 너희 옷을 보여 줘!

어쩌지? 우린 경극을 못하잖아.

안절

부절

걱정 마.

내가 최고의 경극 배우들이 연기한 노래를 틀어 줄 테니.

경극

▶ 재생

헤헷~

너희는 입만 뻥끗거려.

그래~ 몸짓은 쟤들이 하는 걸 보고 따라하자!

좋아. 그럼 내가 먼저!

너희가 먼저 해!

106

내 힘은 산을 뽑고

기운은 세상을 덮을 만큼 대단하건만

때가 불리하니 내 말인 추마저 달리려 하지 않는구나~

앗!

이건 패왕별희의 해하가예요!

깜짝

패왕별희?

초나라의 패왕인 항우와 우미인이 이별한다는 뜻이죠.

아까 해하 전투에서 만난 항우?

네!

쩌렁 쩌렁 쿵!

추가 달리려 하지 않으니 이를 어찌하라~

우여, 우여~ 그대를 어찌하라~

역사서에 기록된 해하가는

한나라군에 포위당해 패배를 앞둔 항우가 슬퍼하며 지은 노래라고 해요.

글썽 글썽

아까 괴로워하던 항우가 생각나.

앗! 이번엔 우미인이 노래를 부른다.

한나라 병사들이 이미 모든 땅을 차지하였고

사방에서 들리는 것은 초나라 노래뿐인데

대왕의 뜻과 기운이 다하였으니

제가 어찌 살기를 바라겠나이까~

항우의 노래에 답하는 우미인의 화항왕가예요.

화항왕가는 역사서에 기록된 내용은 아니지만

우미인의 깊은 슬픔이 잘 표현된 노래죠.

응! 관객들도 여기저기서 울음이 터지고 있어.

정말 슬픈 노래야.

와아
대단해!
짝 짝 짝
울먹
울먹

이별 장면을 저렇게 슬프게 연기하다니…

어느 극단인지는 모르겠지만 곧 유명해지겠군.

칫! 저 사람들 연기 엄청 잘하네.

굉장한 실력파 배우들이었어.

우리도 눈물이…

훌쩍

이제 우리 차례야!

질 수 없지. 그 사람들보다 훨씬 멋진 경극 노래를…

경극

▶ 재생

너희가 졌어!

뭐? 우리가 왜 져?

우리 연기는 아직 보지도 않았잖아!

안 봐도 알아! 왜냐하면 너희…

분장 지워졌어.

이프, 이브.

엥?

얼룩 덜룩

헉! 우는 바람에 분장이…

후유~

저 얼굴로는 공연 못 하지.

우리가 이겼으니 옷을…

혁

역시 옷에 우리 극단 이름이 있어!

당장 벗어!

앗! 퍼즐이 진짜 배우들에게 가요!

쌩!

관객을 울려야지 배우가 울면 진 거야!

두 번째 퍼즐 저장 성공!

어휴~ 우리가 공연만 했으면 이겼을 텐데.

샤라랑~

중국의 전통문화와 음식

중국의 대표적인 공연 예술 경극

경극은 중국의 전통적인 종합 예술이야. 대사(염), 동작과 표정(주), 노래(창), 춤으로 표현한 무술(타)로 이루어진 경극은 중국 전역에서 인기를 얻으며 공연되고 있어. 특히 베이징과 상하이, 텐진이 중심지라고 할 수 있지. 경극에서 충성스럽고 용감한 사람은 붉은색, 간사한 사람은 흰색으로 역할에 따라 독특한 분장을 하는데, 점차 분장도 더 세밀해졌어. 14세기부터 널리 유행했던 전통 가극에 여러 지역의 다양한 형식과 요소가 더해졌는데, 18세기에는 여러 지방의 곤극이 유행했어. 그러던 중 1790년 청나라 건륭제의 80세 축

이별이라니 너무 슬프잖아.

하연에서 극단 '휘반'이 공연한 극이 유행하게 되고, 거기에 다른 기술과 형식들이 더해져서 경극으로 자리를 잡게 돼. 19세기 중반쯤 이르러 경극은 해외에 '베이징 오페라'라는 이름으로 알려지지. 3,000편이 넘는 경극 공연 중에서 현재까지 자주 공연되는 경극은 100여 편 정노야. 그중에서도 〈패왕별희〉는 항우와 우희의 이별 이야기를 다룬 작품인데, 영

분장한 경극 배우들이 축제에서 가두 행진을 벌이는 모습

화로도 여러 차례 만들어질 정도로 인기가 많아. 중국의 전통 공연 중에는 '변검'이라는 기술도 있어. 쓰촨 지역의 전통극인 천극에서만 볼 수 있는 가면극인데, 배우가 음악에 맞춰 춤을 추다가 가면에 손을 대지 않고 순식간에 다른 가면으로 바꿔 쓰는 기술이지. 지금도 많은 사람들의 사랑을 받고 있어.

중국의 전통 의상 치파오와 전통 요리

중국 문화는 중국에 자리 잡은 여러 민족의 변화에 맞춰 발전했어. 만주족은 청나라를 세운 뒤, 한족의 의상인 한푸를 입지 못하게 하고 만주족의 관습을 지키게 했어. 치파오는 만주족의 의상으로, 기마 민족인 만주족의 활동성에 맞춘 옷이야. 말을 탔을 때 활을 쏘기 편하고 움직이기 좋게 옆트임이 있는 게 특징이지. 오늘날의 치파오는 1911년 신해혁명을 겪으면서 서양식으로 개량한 옷이야. 원래는 남녀 옷을 모두 치파오라고 불렀지만, 점차 원피스 형태의 여자 옷으로 굳어졌어. 두루마기 형태의 남자 옷은 창파오라고 불러. 중국은 영토가 넓어서 요리도 지역마다 특징이 있어. 쓰촨, 광둥, 베이징, 상하이 요리는 중국의 4대 요리로 꼽혀. 강한 향신료로 매운 맛을 내는 데 특화된 쓰촨 요리는 마파 두부나 마라 훠궈가 대표적이고, 바다를 끼고 있어 외국과 활발히 교류하던 광둥은 다양한 해산물과 과일을 주재료로 해. 탕수육, 상어지느러미찜, 딤섬이 대표적이야. 베이징을 중심으로 산둥성 지역에서는 강한 화력으로 짧은 시간에 요리하는 튀김이나 볶음 요리, 육류 요리가 발달했어. 베이징 카오야는 흔히 '북경 오리구이'로 알려진 요리지. 상하이를 중심으로 한 장쑤성 요리는 술, 간장, 흑초 등을 사용해 달고 깊은 맛이 특징이야. 상하이 참게 요리가 대표적이지.

말풍선: 매운데 자꾸만 손이 가네!

향신료와 재료로 서로 다른 맛을 내는 다양한 중국 요리

퀴즈 ❻ 청나라의 황제였던 건륭제의 80세 생일 축하 잔치에서 유명해진 경극 극단은?

7장
두 명의 황제?

왜 울고 그래?

눈물이 나는 걸 어쩌라고!

얼른 다른 퍼즐 있는 곳으로 시간문이나 열어 줘.

두 번째 퍼즐도 뺏겼잖아!

메롱~

문질 문질

안 되겠다!

평소라면 위험도가 낮은 곳에 있는 퍼즐 쪽으로 보내겠지만

끄응~

퍼즐	퍼즐
1911년 후베이성 우창	1916년 베이징 자금성
위험도 88%	위험도 45%

좀 위험하더라도 카카오프렌즈가 올 가능성이 낮은 곳으로!

꾹~

시간문 연결

앞에 있는 창문으로 들어가.

드르륵

이번엔 어디로…

115

당시 청나라는 각종 민란이 터진 데다

서양 세력들이 이익을 얻기 위한 다툼의 장이 된 혼란스러운 상황 속에서

근대화를 향한 움직임도 일었지.

그러던 중 1911년 청 정부가 철도를 국가 소유로 하는 철도 국유화를 선언하며

왜 반대해?

철도 만들면 좋은 거 아냐?

철도를 건설하려 하자 사람들이 거세게 반대했어.

청 정부가 철도 건설에 모자란 돈을 외국에서 빌렸거든.

아!

외국에 철도를 뺏길지도 모른다는 불안함이 커지면서

대규모 철도 보호 운동과 청 왕조 반대 운동이 일어났지.

청 왕조를
타도하자!!

탕
타앙

와아 와~

그렇게
신해혁명이
시작된 거군.

응.
신해년에 일어난
혁명이라 신해혁명
이라고 불러.

그나저나
탈출해야 하는데 시간문
열 데가 없어.

그러지 말고
퍼즐 쪽으로
좀 접근해 봐.

와~

탕 타앙

이렇게 위험한데
접근은 무슨!

콰앙!

화들짝

으악!

탕
타앙

앗, 저길 봐!
벽에 구멍이
뚫렸어!

저기에
시간문 열면
되겠다.

가자!

117

중국 혁명의 아버지

쑨원
(1866~1925)

그렇게 우창 봉기로 시작된 혁명 운동은 점점 빠르게 퍼졌고

마침내 1912년 1월 1일

난징에서 중화민국이란 이름의 혁명 정부가 세워졌어.

그리고 쑨원이 임시 대총통으로 취임했지.

시간문 열렸…

앗! 지금 퍼즐이 너희 쪽으로 간다!

깜짝

뭐? 갑자기 우리한테 왜 와?

아! 이 깃발을 향해 오는 거였어!!

온다, 온다.

저장!!

이게 얼마만의 퍼즐 저장인지~

샤라랑~

캬하핫

이 행운을 이어서 곧바로 자금성의 퍼즐도 저장하러 가자!

한편 자금성으로 간 카카오프렌즈는

아, 또다시 자금성이다.

휘잉!

우우웅~

웃, 추워.

하지만 시대는 1916년이에요. 신해혁명에 의해 청나라가 멸망한 후죠.

그럼 청나라 다음엔?

황제 제도가 사라지고 중화민국이란 공화국이 됐죠.

퍼즐이 왜 이 시기의 자금성으로 온 걸까?

자금성은 황제들이 살던 궁인데.

그럼 이 당시 최고 권력자는 누구야?

흔들~

흔들~

위안스카이예요.

신해혁명 당시 청나라군을 이끌던 장군이었죠.

퍼즐은 자금성을 돌아다니고 있어요.

아까처럼 담 위로 올라가 보자.

1912년 1월 1일

베이징 ● 청

중화민국 ● 난징

1912년 혁명으로 남쪽의 난징에 중화민국이 세워졌지만

북쪽에는 여전히 청나라가 있는 상황이었는데

중화민국 임시 대총통이었던 쑨원은

위안스카이에게 청 황제를 퇴위시키고 공화국에 찬성하면

중화민국의 총통 자리를 주겠다고 제안했어요.

위안스카이가 그 제안을 받아들였어?

네.

그래서 세 살에 황제가 됐던 푸이는 1912년에 황제 자리에서 물러나며

청나라 마지막 황제가 됐죠.

푸이
(1906~1967)

앗!

군인들이다!

퍼즐은 그쪽으로 가고 있어요.

척

척

뭐? 자동차에 탄 사람이 위안스카이?

위안스카이예요!

이번엔 자동차가 들어온다!

군인들이 자동차를 호위하고 있어.

부릉~

그럼 퍼즐은 위안스카이에게 멈추겠다!

하지만 위안스카이에게 멈추면 저장하기 어려워.

척

척

그 전에 저장해야 하는데…

아, 위안스카이가 차에서 내려 궁으로 간다.

끄응~

그런데 아까는 궁이 거대하다고만 느꼈는데

이렇게 밖에서 보니까 엄청나게 멋있어!!

응! 길도 예뻐. 용이 새겨져 있는 게 예술이다.

그 길은 어로인데 오직 황제만 다니는 길이에요.

엥?

지금 위안스카이가 어로를 걸어가고 있는데?

황제 제도가 없어져서 그런가?

그게… 사실 지금 위안스카이가 황제인 상태예요.

깜짝

뭐? 황제 제도 없어진 거 아니었어?

없어졌었죠. 그런데 중화민국의 총통이 된 위안스카이가 진짜 원한 것은

황제였어요.

그래서 1915년 12월에 중화제국을 선포하고

자신이 황제의 자리에 올랐죠.

탁!

하지만 전국적인 반대 운동과 외국의 압박으로

위안스카이는 황제가 된 지 약 3개월 만에 황제 즉위를 취소했고

그 후 약 3개월 뒤에 사망했어요.

아.

맞아요. 그러나 푸이는 그 후로도 자금성에서 살았어요.

1924년에 자금성에서 쫓겨날 때까지 황제 대접을 받았죠.

깜짝

그런데 그 당시 푸이는 자신이 폐위된 사실을 몰랐다고 해요.

정말?

퍼즐이 담 앞쪽에서 와요.

황제 폐하 행차시다!

쓱!

저기 있어!

퍼즐이 보였다 안 보였다 하는데?

퍼즐이 담을 사이에 두고

위안스카이에게 갈지 푸이에게 갈지 망설이는 것 같아요.

푸이

위안스카이

앗! 결국 결정 못 하고 사라지고 있어요.

이프, 이브다!

혁

촤악

퍼즐이 저기 있다고?

탓!

신해혁명과 중국의 근대화

중국의 문호 개방과 근대화를 향한 움직임

19세기에 청나라와 제한된 형태로 무역을 하던 영국 동인도 회사는 교역에 필요한 은을 마련하기 위해 청나라에 아편을 몰래 수출했어. 이것이 사회에 큰 문제를 일으키자 청나라에서는 아편을 금지했지. 그러자 영국은 1840년에 청나라를 침략했어. 아편 전쟁(1840~1842)으로 알려진 이 전쟁에서 진 청나라는 반강제적이고 불평등한 조건으로 무역의 문을 열어야 했어. 황실의 위엄은 땅에 떨어지고 전쟁 배상금 때문에 백성의 삶은

진짜 혼란스러운 시기였네.

더욱 어려워졌지. 이런 불만이 쌓여갈 때, 홍수전은 농민들과 함께 황실을 타도하고 모두가 평등한 지상 천국을 세운다는 '태평천국 운동'을 일으켰어. 이 운동을 통해 홍수전은 한때 난징을 점령하고 20만 명이 넘는 대군을 키우기도 했지만, 결국 한인 의용군과 외국 군대에 진압되었어. 이런 혼란 가운데 서양의 우수한 기술과 지식을 받아들여 발전을 이루

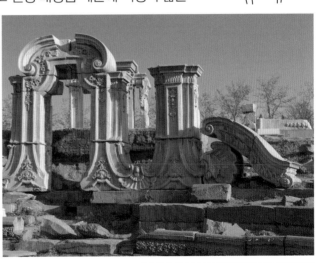

아편전쟁 당시 무너진 베이징의 여름 별궁 잔해

자는 이들도 있었지. 이것을 양무운동(1861~1894)이라고 해. 하지만 보수파들이 양무운동을 주장한 개혁파를 쫓아냈고 프랑스와의 전쟁, 일본과의 전쟁에서 계속 패하면서 개혁은 실패로 돌아갔어. 근대화 시도들이 강대국들의 침략으로 실패하자 서양을 내쫓고 청나라를 돕자는 의화단 운동(1899~1901)이 일어나기도 했어. 하지만 결국 외국 연합군에 패배했고, 청나라는 거의 식민지나 다름없는 어려운 상황에 빠졌지.

신해혁명과 중화민국의 수립

의화단 운동이 실패로 돌아간 후 강대국들의 간섭은 점점 심해졌고, 청나라 황실은 외국의 간섭에 점점 더 무능하게 대응했어. 그러자 청 왕조를 무너뜨리고 국민이 주권을 가진 공화 정부를 세우자는 운동이 전국에서 일어났지. 쑨원은 이런 반청 무장 투쟁을 이끈 대표 주자였어. 쑨원은 민족, 민권, 민생 중심의 삼민주의를 내세웠는데, 혁명을 지지하는 사람들 사이에 삼민주의가 퍼져 나갔어. 청나라 정부가 독일 군대를 본떠 만든 새로운 군대, 즉 신군 중에서도 쑨원의 혁명 사상을 따르는 사람들이 많았어. 1911년 청나라 정부는 민간에서 운영하던 철도가 나라의 재산이라는 국유령을 발표했어. 철도를 담보로 외국에서 거액을 빌려 부족한 재정을 채우려 한 거야. 그러자 쓰촨성에서 반정부 시위가 일어났고, 정부군과의 충돌로 20명이 사망했지. 결국 이 시위가 무장 폭동으로 이어졌어. 그 기회를 틈타 반청 운동을 하던 혁명파가 5,000여 명의 신군과 함께 우창에서 활약했고 하루 만에 우창을 점령했지. 그 결과 그 해 말에 17개의 성이 독립을 선언하게 돼. 이것이 신해혁명이야. 결국 일곱 살이던 어린 황제 푸이가 물러나면서 300년간 이어 온 청나라의 역사는 막을 내리고, 1912년 중화민국이 수립되지.

이렇게 한 시대가 막을 내리는구나!

우창 지역에 세워진 쑨원의 동상과 우창군의 깃발

퀴즈 ❼ 중화민국의 총통이면서 스스로 황제 자리까지 오른 인물은?

8장

상하이, 과거와
현대가 만나다

창장강은 중국에서 가장 긴 강으로 흔히 양쯔강이라 부르는데

양쯔강은 원래 창장강의 하류 부분을 이르는 말이었어요.

베이징

황허

상하이

창장강 (양쯔강)

그런데 양쯔강이란 명칭이 외국인에 의해 알려지며

오늘날 양쯔강은 창장강 전체를 가리키는 말로 쓰이기도 하죠.

아~

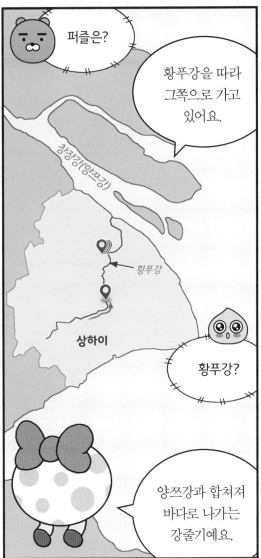

퍼즐은?

황푸강을 따라 그쪽으로 가고 있어요.

창장강(양쯔강)

황푸강

상하이

황푸강?

양쯔강과 합쳐져 바다로 나가는 강줄기예요.

황푸강은 앞쪽으로 가면 있어요.

가자!

그런데 여긴 현대인데 건물들이 현대식도 아니고 중국식도 아니네?

응. 옛날 서양식 같아.

그곳이 와이탄이라 그래요.

옛 조계 시대의 건물들이 강변을 따라 늘어서 있는 곳이죠.

조계 시대가 어떤 시대인데?

19세기 중반에 청나라와 영국 사이에 전쟁이 있었는데

후다닥~

청나라가 전쟁에 패하면서 몇몇 도시의 항구가 외국에 강제로 개방됐어요.

상하이도 그중 한 곳이었죠.

그렇게 상하이에 많은 외국인이 들어왔고

그들은 중국 법의 지배를 받지 않는 특별 지역인

조계지에 모여 살았어요.

상하이 조계

미국인 거주지

공공조계지

공공조계지

영국인 거주지

옛 상하이 도심

신프랑스 조계지

프랑스 조계지

황푸강

아~ 그때가 조계 시대구나.

저 건물들은 그때 지어진 서양식 건물들이고.

네. 그렇게 어촌 마을이었던 상하이는

국제도시로서 빠르게 경제 발전을 이루어 황금기를 누렸어요.

퍼즐은 어디쯤 오고 있어?

지금 예원 근처를 지나고 있어요.

명나라 시대의 관리가 부모님의 노후를 위해 만든 아름다운 정원인데…

아! 예원에 안 들르고 계속 강물을 따라

여러분 쪽으로 가요!

저기 황푸강이야!

퍼즐이 오면 강물에서 나와 와이탄으로 오겠지?

응. 역사적인 명소니까!

그런데…

와이탄 맞은편의 경치도 대단해!

우아~ 저긴 어디야?

푸둥이에요!

1990년대부터 개발된 신도시죠.

퍼즐이 푸둥으로 가면 어쩌지?

여기가 푸둥?

응. 황푸강의 동쪽이란 의미야.

우아~ 저 건물 엄청 높다!

상하이 타워

진마오 타워

중국에서 제일 높은 빌딩인 상하이 타워야.

그 옆의 건물은?

진마오 타워! 중국인들이 좋아하는 숫자인 8을 활용해 88층으로 지은 건물로

1998년 8월 8일에 완공됐어.

스윽

저 건물은 되게 특이하게 생겼다.

상하이 세계 금융 센터인데 별명이 병따개 타워지.

푸둥은 개성 있는 초고층 건물들로 둘러싸인 곳이네.

하지만 그중에서 상하이의 상징과도 같은 건물은 바로…

동방명주탑이야!

우아! 진짜 독특한 모양의 건물이다!

구슬을 꿰어 놓은 것 같아.

어떻게 저런 모양으로 만들었지?

당나라 때 시인인 백거이의 시구절에서 영향을 받아 설계했대.

아! 향산사에서 18년간 사신 분.

백거이
"큰 구슬 작은 구슬
옥쟁반에
떨어지는 듯하네."
-비파행중

그런데 무슨 건물이야?

1994년에 완공된 TV 송신탑이야.

3개의 구슬 부분은 전망대고.

아~

퍼즐이 푸둥으로 온다면 반드시 동방명주탑으로 갈 거야.

황푸강을 사이에 두고 양쪽이 이렇게 다르다니.

후다닥~

응. 와이탄은 역사 도시 분위기고 푸둥은 미래 도시 분위기야.

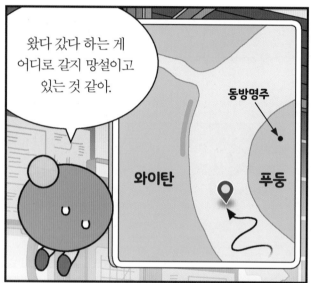

카카오프렌즈는
벌써 갔나? 안 갔으면
아직 퍼즐을 뺏을
기회가…

갔겠지!
너희처럼 한가하게
야경 구경하겠니?

두리번

두리번

쓰레기통에
시간문 열려고
했는데

갑자기 이프, 이브가
튀어나와서 깜짝 놀랐네.

왜 삐딱하게
구는데?

재들 갈 때까지
숨어 있자.

그만 구경하고 냉큼
본부로 돌아와!

아휴~
시끄러워.

쑥!

이프고의 잔소리가
이어폰 밖으로
새어 나오고 있어.

이프, 이브가
혼나는 것 같은데?

✿〈Go Go 카카오프렌즈 34 - 핀란드〉편의 8장을 참고하세요.

동서양의 매력이 함께하는 상하이

과거와 현재가 공존하는 도시 상하이

상하이 타워에서 보는 야경이라니!

2,400만 명이 넘는 사람이 거주하는 상하이는 중국에서 인구가 가장 많고, 국내총생산이 가장 높은 도시야. 베이징이 중국의 정치 행정 중심지라면 상하이는 경제 중심지로 세계적인 금융, 산업, 과학, 교육 시설이 모여 있지. 원래 조용한 어촌이었던 상하이는 아편 전쟁에서 패배한 후 강제로 개방된 항구 가운데 하나였어. 그 이후 중국의 법률과 행정 권력이 간섭할 수 없는 조계가 설치되면서 빠르게 근대 도시로 성장하기 시작했지. 상하이에 흐르는 황푸강을 중심으로 동쪽에는 경제 특구였던 푸둥 지구가 있는데, 고층 빌딩이 밀집되어 현재의 발전된 상하이시를 잘 보여 주는 곳이야. 높이 468미터의 방송탑인 동방명주탑, 88층의 진마오 타워, 632미터 높이와 128층의 중국 최고층 건물인 상하이 타워 등 초고층 건물이 아주 많아. 반면에 황푸강의 서쪽에 있는 푸시 지구에는 조계지가

공중에서 내려다본 상하이의 야경

남아 있어 상하이의 과거 모습을 볼 수 있어. 상하이의 야경은 아름답기로 유명한데, 동방명주탑이나 상하이 타워 같은 마천루에서 내려볼 수도 있고 황푸강을 지나는 유람선을 타면서 즐길 수도 있어.

서구 열강들이 중국을 차지했던 조계 시대

"조약으로 땅을 빌린다"는 뜻인 조계는 강대국들이 청나라에 설치한 외국인들을 위한 거주지로, 청나라의 행정과 법률이 적용되지 않는 치외법권 지역이야. 조계지로 정해진 곳에서는 그곳을 차지한 열강들이 행정권과 경찰권을 행사한다는 뜻이지. 심지어 어떤 곳은 외국인들뿐만 아니라 청나라 주민에 대해서도 사법권을 행사했어. 청나라가 아편 전쟁에서 패배한 후 청나라 전역에 이런 조계지가 설치되었어. 1842년 난징 조약으로 상하이, 광저우, 샤먼, 푸저우, 닝보 5곳의 항구를 개방하여 조계지를 정했지. 나중에는 영국, 프랑스, 미국, 일본, 러시아, 독일 등 9개 나라가 모두 합해 28개의 조계지를 설치했어. 이런 조계지는 서구 열강의 식민지나 마찬가지였어. 그중에서도 가장 유명한 곳이 상하이야. 상하이에는 빠르게 서구 열강의 문물들이 들어오기 시작했어. 1865년 홍콩상하이 은행이 설립된 후, 유럽의 금융 기관들이 상하이에 연이어 생겨났지. 그 덕분에 상하이

시대는 변했지만 건물은 그대로 남았구나.

는 아시아 금융의 중심이 되었어. 결과적으로 상하이는 유럽의 문물을 가장 빠르게 받아들이면서 발전을 이룬 셈이지. 상하이에는 1845년 11월부터 1943년 8월까지 거의 100년간이나 이런 조계지가 있었어. 와이탄에서는 150년 전 조계 시대에 세워진 다양한 유럽식 건축물을 볼 수 있어. 로마네스크, 고딕, 르네상스, 비로크 등 모두 52가지 건축양식으로 지어진 건물들이 있지.

상하이의 와이탄

카카오프렌즈와 함께 세계 여행을 떠나요~

GOGO 카카오프렌즈 중국 역사

BC 2070년경 하 왕조 성립	BC 1600년경 상 왕조 성립	
BC 206~202년 초한전쟁	BC 202년 유방 해하 전투 승리, 한나라 황제 즉위	
208년 적벽대전	208~289년 진수 《삼국지》 편찬	690년 측천무후 주나라 건국

BC 2070   BC 1600   BC 250   BC 1   200   500

더 알고 싶은 중국 역사

BC 1년 불교 전래

BC 221년 진나라 최초 중국 통일

618년 당나라 건국

589년 수나라 중국 재통일

14C
나관중 《삼국지연의》 편찬

1845년
상하이
조계지 설정

1912년
황제 푸이 퇴위
중화민국 수립
쑨원 임시 대총통 취임

1915년
위안스카이 중화제국 선포,
황제로 추대

1421년
자금성 완공

1644년
이자성의 난 발발

1911년
신해혁명 빌빌

1994년
동방명주탑 완공

4C   1650   1800   1900   1950   2000

1811년
서양인 중국 거주와
크리스트교 포교 금지

1862년
양무운동

1949년
중화인민공화국 수립

1898년
변법자강운동

1368년
명나라 건국

1644년
청나라의
중국 지배 시작

1840년
아편 전쟁 발발

1850년
태평천국운동

1899년
의화단 운동

그림 출처

40쪽 월왕구천검: 위키피디아 by Siyuwj
130쪽 우창에 있는 쑨원의 동상: 위키피디아 by Mongol

※ 그 밖에 이 책에 실린 사진의 출처는 게티이미지와 퍼블릭도메인입니다.

퀴즈 정답

❶ 치수 사업　　❷ 해하 전투　　❸ 도원결의　　❹ 뤄양
❺ 이자성　　　❻ 휘반　　　　❼ 위안스카이　❽ 동방명주

세계 역사 문화 체험 학습만화
GOGO 카카오프렌즈
35 중국 ❷

글 | 김미영　그림 | 김정한　정보글 | 최은하
원화 | 주식회사 카카오

1판 1쇄 인쇄 | 2025년 1월 23일
1판 1쇄 발행 | 2025년 2월 12일

펴낸이 | 김영곤
펴낸곳 | ㈜북이십일 아울북
프로젝트2팀 | 김은영 김지수 이은영 우경진 오지애 권정화 최윤아
아동마케팅팀 | 명인수 양슬기 최유성 손용우 이주은
영업팀 | 변유경 강경남 한충희 장철용 황성진 김도연
디자인 | 한성미 임민지

출판등록 | 2000년 5월 6일　제406-2003-061호
주소 | (10881) 경기도 파주시 회동길 201(문발동)
전화 | 031-955-2100(대표) 031-955-2177(팩스)
홈페이지 | www.book21.com

ISBN | 979-11-7117-995-4 74900

책 값은 뒤표지에 있습니다.
잘못 만들어진 책은 구입하신 서점에서 교환해 드립니다.

Licensed by Kakao Corp.
본 제품은 주식회사 카카오와 라이선스 정식 계약에 의해 아울북, (주)북이십일에서
제작·판매하는 것으로 무단 복제 및 판매를 금합니다.

• 제조자명 : ㈜북이십일
• 주소 및 전화번호 : 경기도 파주시 문발동 회동길 201(문발동) / 031-955-2100
• 제조연월 : 2025.02.
• 제조국명 : 대한민국
• 사용연령 : 3세 이상 어린이 제품

35권: 의형제가 될 수 없는 이유

〈Go Go 카카오프렌즈〉
외전은 계속됩니다!